*«Je voulais vous dire un mot,
et ce mot, c'est la joie.
Partout où il y a les consacrés,
il y a toujours de la joie!».*

Pape FRANÇOIS

CONGREGATION
POUR LES INSTITUTS DE VIE CONSACRÉE
ET LES SOCIETES DE VIE APOSTOLIQUE

ANNÉE DE LA VIE CONSACRÉE

Réjouissez-vous

Lettre circulaire
destinée aux consacrés et consacrées

Paroles du magistère du Pape François

Première édition 2014
Édition Print on Demand 2021

En couveture
SANDRO BOTTICELLI, *Madonna del Magnificat*
Galleria degli Uffizi, Firenze
© Foto Scala - Firenze
Su concessione Ministero Beni e Attività Culturali

© Copyright 2014 - Libreria Editrice Vaticana
00120 Città del Vaticano
Tel.+39.06.698.45780
E-mail: commerciale.lev@spc.va
www.libreriaeditricevaticana.va
www.vatican.va

ISBN 978-88-266-0497-8

1. « La joie de l'Evangile remplit le cœur et toute la vie de ceux qui rencontrent Jésus. Avec Jésus Christ, la joie naît et renaît toujours ».[1]

Dans le magistère du Pape François, l'*incipit* d'*Evangelii gaudium* résonne avec une vitalité surprenante : il nous tourne vers ce mystère merveilleux de la Bonne Nouvelle qui, accueilli dans le cœur de la personne, en transforme la vie. C'est la parabole de la joie qui nous est racontée : la rencontre avec Jésus allume en nous la beauté de l'origine, celle du visage sur lequel resplendit la gloire du Père (cf. *2 Co* 4,6), source de la joie.

La Congrégation pour les Instituts de vie consacrée et les Sociétés de vie apostolique pro-

[1] FRANÇOIS, Exhortation apostolique *Evangelii gaudium*, 24 novembre 2013, n. 1. *N.d.T.* : tous les textes cités du Pape François, à l'exception des méditations matinales, sont publiés en français sur le site du Vatican (http://www.vatican.va/phome_fr.htm).

pose de réfléchir sur le temps de grâce qu'il nous est donné de vivre, cette invitation spéciale que le Pape adresse à la vie consacrée.

Accueillir ce magistère, c'est renouveler son existence suivant l'Evangile, non selon une radicalité comprise comme modèle de perfection et souvent de séparation, mais dans l'adhésion *toto corde* à l'événement de la rencontre salvifique qui transforme la vie. «Il s'agit de tout quitter pour suivre le Seigneur. Non, je ne veux pas dire radical. La radicalité évangélique n'appartient pas seulement aux religieux: elle est demandée à tous. Mais les religieux suivent le Seigneur de manière spéciale, sur un mode prophétique. Moi, j'attends de vous ce témoignage-là. Les religieux doivent être des hommes et des femmes capables de réveiller le monde».[2]

Dans la finitude humaine, les limites et les soucis quotidiens, les consacrés et consacrées vivent la fidélité. Lorsqu'ils donnent raison de la joie qui les habite, ils deviennent un splendide témoignage, une annonce efficace, une compagnie et une proximité pour les femmes et les hommes qui habitent avec eux l'histoire et cherchent l'Église comme la maison pater-

---

[2] ANTONIO SPADARO, *«Svegliate il mondo!»*. *Colloquio di Papa Francesco con i Superiori Generali*, in: *La Civiltà Cattolica*, 165 (2014/I), 5.

nelle.[3] François d'Assise, en choisissant l'Evangile comme forme de vie, « a fait grandir la foi, a renouvelé l'Église ; et, dans le même temps, il a renouvelé la société, l'a rendue plus fraternelle, mais toujours avec l'Evangile, avec le témoignage. Prêchez toujours l'Evangile et, si nécessaire, même avec les paroles ! ».[4]

Les suggestions qui nous viennent de l'écoute de la parole du Pape sont nombreuses, mais ce qui nous interpelle particulièrement, c'est l'absolue simplicité avec laquelle il propose son magistère, se conformant à l'authenticité désarmante de l'Evangile. Parole sans glose, répandue avec le geste large du bon semeur qui, confiant, ne fait pas de discrimination entre les terrains.

Une invitation donnée avec autorité et avec la légèreté de la confiance, un appel à abandonner les argumentations institutionnelles et les justifications personnelles, une parole provocante qui parvient à interroger nos modes de vie parfois engourdis et somnolents, souvent vécus à la marge du défi : *si vous aviez autant de foi qu'un grain de moutarde* (Lc 17,5). Un appel qui nous encourage à nous mettre en mouvement pour donner raison du Verbe qui demeure parmi

[3] Cf. François, Exhortation apostolique *Evangelii gaudium*, 24 novembre 2013, n. 47.

[4] François, *Rencontre avec les jeunes d'Ombrie*, Assise, 4 octobre 2013.

nous, de l'Esprit qui crée et qui renouvelle constamment son Église.

Cette *Lettre* trouve sa raison d'être dans cette invitation et souhaite entamer une réflexion partagée, tout en s'offrant comme simple moyen pour une confrontation loyale entre Evangile et Vie. Le Dicastère introduit ainsi un itinéraire commun, lieu de réflexion personnelle, fraternelle, en institut, et en chemin vers 2015, année que l'Église dédie à la vie consacrée. Avec le désir et l'intention d'oser les décisions évangéliques qui porteront des fruits de renaissance et seront source de joie: «La primauté de Dieu apporte à l'existence humaine une plénitude de sens et de joie, car l'homme est fait pour Dieu et il est sans repos tant qu'il ne repose en Lui».[5]

---

[5] JEAN-PAUL II, Exhortation apostolique post-synodale *Vita consecrata*, 25 mars 1996, n. 27.

RÉJOUISSEZ-VOUS, EXULTEZ,
SOYEZ DANS L'ALLÉGRESSE

Réjouissez-vous avec Jérusalem, exultez en elle, vous tous qui l'aimez, soyez avec elle dans l'allégresse, vous tous qui avez pris le deuil sur elle.

Car ainsi parle le Seigneur: «Voici que je fais couler vers elle la paix comme un fleuve et, comme un torrent débordant, la gloire des nations; vous serez allaités, on vous portera sur la hanche, on vous caressera en vous tenant sur les genoux.

Comme celui que sa mère console, moi aussi, je vous consolerai; à Jérusalem, vous serez consolés.

A cette vue, votre cœur sera dans la joie et vos membres reprendront vigueur comme l'herbe. La main du Seigneur se fera connaître à ses serviteurs».

Isaïe 66, 10-14

A l'écoute

2. Avec ce mot *joie* (en hébreu : *śimḥâ/śamaḥ, gyl*), l'Ecriture sainte veut exprimer une multiplicité d'expériences collectives et personnelles, liées en particulier au culte religieux et aux fêtes, pour reconnaître le sens de la présence de Dieu dans l'histoire d'Israël. On trouve dans la Bible au moins treize verbes et substantifs différents pour décrire la joie de Dieu, celle des personnes et même celle de la création, dans le dialogue du salut.

Pour l'Ancien Testament, c'est dans les Psaumes et le livre du prophète Isaïe que se trouvent les occurrences les plus fréquentes. Avec une diversité linguistique créative et originale, on y est invité à la joie, joie de la proximité de Dieu, joie pour tout ce qu'il a créé, joie pour toute son œuvre. Dans les Psaumes, c'est par centaines que se trouvent les expressions indiquant la joie comme fruit de la présence bienveillante de Dieu et les retentissements d'allégresse qu'elle provoque, ou comme attestation de la grande promesse qui habite l'horizon futur du peuple. Quant au livre du prophète Isaïe, la seconde et la troisième partie du rouleau sont rythmées par ce fréquent rappel à la joie, qui s'oriente vers l'avenir : elle sera surabondante (cf. *Is* 9,2), le ciel, le désert et la terre exulteront de joie (*Is* 35,1 ; 44,23 ; 49,13), les prisonniers libérés arriveront à Jérusalem en criant de joie (*Is* 35,9 et sv ; 51,11).

Dans le Nouveau Testament, le mot privilégié est lié à la racine *kar* (*kàirein, karà*), mais on trouve aussi d'autres termes, comme '*agalliáomai, euphrosýnē*'. Ils visent d'habitude une exultation totale, qui embrasse le passé et le futur. La *joie* est le don messianique par excellence, comme Jésus lui-même le promet : *pour que ma joie soit en vous et que votre joie soit complète* (*Jn* 15,11 ; 16,24 ; 17,13). C'est Luc qui, depuis les événements qui précèdent la naissance du Sauveur, souligne la diffusion exultante de la joie (cf. *Lc* 1,14.44.47 ; 2,10 ; cf. *Mt* 2,10). Il montre comment l'expansion de la Bonne Nouvelle sème l'allégresse dans son sillage (cf. *Lc* 10,17 ; 24,41.52) et que celle-ci est un signe typique de la présence et de la croissance du Royaume (cf. *Lc* 15,7.10.32 ; *Ac* 8,39 ; 11,23 ; 15,3 ; 16,34 ; cf. *Rm* 15,10-13, etc.).

Selon Paul, la joie est un fruit de l'Esprit (cf. *Ga* 5,22) et une note typique et stable du Royaume (cf. *Rm* 14,17), qui se renforce encore à travers la tribulation et les épreuves (cf. *1 Th* 1,6). Dans la prière, la charité, l'action de grâce incessante se trouve la source de la joie (cf. *1 Th* 5,16 ; *Ph* 3,1 ; *Co* 1,11 sv.). Dans les tribulations, l'apôtre des nations se sent plein de joie et partage la gloire que tous, nous attendons (cf. *2 Co* 6,10; 7,4; *Col* 1,24). Le triomphe final de Dieu et les *noces de l'Agneau* combleront toute joie et exultation (cf. *Ap* 19,7), faisant exploser un *Alleluia* universel (*Ap* 19,6).

Pour percevoir le sens plénier du texte cité, donnons à présent une brève explication de la phrase de Isaïe 66,10: *Réjouissez-vous avec Jérusalem, exultez en elle vous tous qui l'aimez, soyez avec elle dans l'allégresse.* Il s'agit de la finale de la troisième partie du prophète Isaïe. Il faut se souvenir que les chapitres 65 et 66 du livre d'Isaïe sont strictement unis et se complètent réciproquement, comme cela était déjà évident dans la conclusion de la seconde partie d'Isaïe (ch. 54-55).

Dans les deux chapitres, le thème du passé est évoqué, parfois même avec des images rudes, mais pour inviter à l'oublier, parce que Dieu veut faire briller une lumière nouvelle, une confiance qui guérira les infidélités et les cruautés subies. La malédiction, fruit de l'inobservance de l'Alliance, disparaîtra parce que Dieu est en train de *faire de Jérusalem une exultation et de son peuple une allégresse* (cf. *Is* 65,18). La preuve en sera dans l'expérience que la réponse de Dieu arrivera avant même que soit formulée la supplication (cf. *Is* 65,24). Tel est le contexte qui se prolonge encore dans les pre-

miers versets du chapitre 66 d'Isaïe, affleurant ci
et là par des signes encore plus loin, montrant les
cœurs bornés et sourds face à la bonté du Seigneur et à sa Parole d'espérance.

Comme est alors évocatrice la comparaison
de Jérusalem à une *mère*! Elle s'inspire des promesses d'Isaïe (49, 18-29; 54, 1-3): le pays de
Juda se remplit soudain de ceux qui reviennent
de la dispersion, après l'humiliation. C'est comme si l'on disait que les bruits de «libération»
avaient mis Sion enceinte de vie nouvelle et d'espérance. Et Dieu, maître de la vie, portera la
gestation jusqu'à son terme, faisant naître sans
peine de nouveaux enfants. Sion-mère se voit
ainsi entourée de nouveau-nés et devient pour
tous nourrice généreuse et tendre. La douceur
de cette image a fasciné sainte Thérèse de Lisieux et lui a donné une clé d'interprétation
décisive pour sa spiritualité.[1]

Une accumulation de paroles intenses: *réjouissez-vous*, *exultez*, *soyez dans l'allégresse*, mais
également *consoler*, *délices*, *débordant*, *caresses*,
etc. La fidélité et l'amour s'étaient évanouis et
tout s'achevait dans la tristesse et la stérilité.
Mais désormais, la puissance et la sainteté de
Dieu redonnent sens, plénitude de vie et de

---

[1] Cf., avec de nombreuses citations, THÉRÈSE DE LISIEUX,
Œuvres complètes, Cerf/DDB, 1998, *Manuscrits B*, 1r°; *C*, 3r°;
Lettre 196.

bonheur, en s'exprimant avec des termes qui appartiennent aux racines affectives de tout être humain et qui réveillent des sensations uniques de tendresse et de sécurité.

Portrait délicat mais vrai d'un Dieu qui vibre comme une mère et dont les émotions intenses sont contagieuses. Une joie du cœur (cf. *Is* 66, 14) qui naît de Dieu – visage maternel et bras qui soulève – et se répand au milieu d'un peuple estropié par mille humiliations et dont les os sont devenus fragiles. C'est une transformation gratuite qui s'élargit dans la fête aux *cieux nouveaux et à la terre nouvelle* (cf. *Is* 66, 22), pour que tous les peuples connaissent la gloire du Seigneur, fidèle et rédempteur.

Voilà la beauté

3. «*C'est cela, la beauté de la consécration: c'est la joie, la joie...*».[2] La joie de porter à tous la consolation de Dieu. Ce sont les paroles du Pape François pendant la rencontre avec les Séminaristes et les Novices. «Il n'y a pas de sainteté dans la tristesse!»,[3] poursuit le Saint-Père, *il ne*

---

[2] FRANÇOIS, *Rencontre avec les séminaristes et les novices*, Rome, 6 juillet 2013.
[3] *Ibidem.*

faut pas que vous vous désoliez comme les autres, qui n'ont pas d'espérance, écrivait Saint Paul (*1 Th* 4, 13).

La joie n'est pas un ornement inutile, elle est exigence et fondement de la vie humaine. Dans les soucis quotidiens, chaque homme et chaque femme aspire de tout son être à atteindre la joie et à y demeurer.

Dans le monde, il y a souvent un déficit de joie. Nous ne sommes pas appelés à accomplir des gestes épiques ni à proclamer des paroles retentissantes mais à témoigner de la joie qui vient de la certitude de se sentir aimés, de la confiance d'être sauvés.

Notre courte mémoire et notre expérience faible nous empêchent souvent de rechercher les « terres de la joie » dans lesquelles goûter le reflet de Dieu. Nous avons pourtant mille motifs de demeurer dans la joie. Sa racine se nourrit de l'écoute croyante et persévérante de la Parole de Dieu. A l'école du Maître, on entend : *que ma joie soit en vous et que votre joie soit complète !* (*Jn* 15, 11) et il nous entraîne à nous exercer à la joie parfaite.

« La tristesse et la peur doivent céder la place à la joie : *Réjouissez-vous... exultez... soyez pleins d'allégresse*, dit le Prophète (66, 10). C'est une grande invitation à la joie [...]. Tout chrétien, et nous-mêmes surtout, est appelé à porter ce

message d'espérance qui donne sérénité et joie :
la consolation de Dieu, sa tendresse envers tous.
Mais nous ne pouvons pas en être porteurs si
nous n'expérimentons pas nous-mêmes en premier la joie d'être consolés par Lui, d'être aimés
de Lui. [...] J'ai rencontré quelques fois des
personnes consacrées qui ont peur de la consolation de Dieu et... les pauvres, ils se tourmen-
tent, parce qu'ils ont peur de cette tendresse de
Dieu. Mais n'ayez pas peur. N'ayez pas peur, le
Seigneur est le Seigneur de la consolation, le
Seigneur de la tendresse. Le Seigneur est père et
Lui, il dit qu'il fera avec nous comme une ma-
man avec son enfant, avec tendresse. N'ayez pas
peur de la consolation du Seigneur ».[4]

En vous appelant

4. « En vous appelant, Dieu vous dit : 'Tu es
important pour moi, je t'aime, je compte sur toi'.
Jésus dit ceci à chacun de nous ! C'est de là que
naît la joie ! La joie du moment où Jésus m'a
regardé. Comprendre et sentir cela est le secret
de notre joie. Se sentir aimé de Dieu, sentir que
pour Lui nous ne sommes pas des numéros mais

[4] FRANÇOIS, *Homélie pour la Messe avec les séminaristes et les novices*, Rome, 7 juillet 2013.

des personnes; et sentir que c'est Lui qui nous appelle ».[5]

Le Pape François dirige notre regard vers le fondement spirituel de notre humanité pour voir ce qui nous est donné gratuitement, par une libre disposition divine et une libre réponse humaine. *Alors Jésus fixa son regard sur lui et l'aima. Et il lui dit: «Une seule chose te manque: va, ce que tu as, vends-le et donne-le aux pauvres, et tu auras un trésor dans le ciel; puis, viens, suis-moi»* (Mc 10,21).

Le Pape nous rappelle: «Jésus, au cours de la dernière Cène, s'adresse aux apôtres à travers ces paroles: *Ce n'est pas vous qui m'avez choisi, mais c'est moi qui vous ai choisis* (Jn 15,16), qui rappellent à tous, non seulement à nous prêtres, que la vocation est toujours une initiative de Dieu. C'est le Christ qui vous a appelées à le suivre dans la vie consacrée et cela signifie accomplir continuellement un 'exode' de vous-mêmes pour centrer votre existence sur le Christ et sur son Evangile, sur la volonté de Dieu, en vous dépouillant de vos projets, pour pouvoir dire avec Saint Paul: *Ce n'est plus moi qui vis, mais le Christ qui vit en moi* (Ga 2,20)».[6]

---

[5] FRANÇOIS, *Rencontre avec les séminaristes et les novices*, Rome, 6 juillet 2013.

[6] FRANÇOIS, *Discours aux participants à l'Assemblée plénière de l'Union internationale des Supérieures générales*, Salle Paul VI, Rome, 8 mai 2013.

Le Pape nous invite à un pèlerinage à reculons, un chemin sapientiel pour nous retrouver sur les chemins de Palestine ou tout près de la barque de l'humble pêcheur de Galilée. Il nous invite à contempler les débuts d'un chemin ou mieux, d'un événement qui, inauguré par le Christ, fait laisser les filets sur la rive, le banc des impôts sur le bord de la rue, les velléités du zélote parmi les projets du passé. Autant de moyens inadaptés pour demeurer avec lui.

Il nous invite à nous arrêter longuement, comme en un pèlerinage intérieur, devant l'aube de la première heure, là où les espaces sont chauds de relation amicale, l'intelligence est menée à s'ouvrir au mystère, la décision détermine qu'il est bon de se mettre à la suite du Maître qui seul a les *paroles de la vie éternelle* (cf. *Jn* 6, 68). Il nous invite à faire de toute notre existence « un pèlerinage de transformation dans l'amour ».[7]

Le Pape François nous appelle à nous arrêter en esprit sur l'image du départ : « La joie du moment où Jésus m'a regardé »,[8] et à évoquer le sens et l'exigence qui sous-tendent notre vocation : « C'est la réponse à un appel et à un appel

---

[7] FRANÇOIS, *Message au Prieur général de l'Ordre des Frères de la Bienheureuse Vierge Marie du Mont Carmel à l'occasion du Chapitre général*, Rome, 22 août 2013.

[8] FRANÇOIS, *Rencontre avec les séminaristes et les novices*, Rome, 6 juillet 2013.

d'amour ».[9] Demeurer avec le Christ exige d'en partager la vie, les choix, l'obéissance de la foi, la béatitude des pauvres, la radicalité de l'amour.

Il s'agit d'une vocation à renaître. « J'invite chaque chrétien […] à renouveler, aujourd'hui même, sa rencontre personnelle avec Jésus Christ ou, au moins, à prendre la décision de se laisser rencontrer par Lui, de le chercher chaque jour sans cesse ».[10]

Paul nous replace devant cette vision fondamentale : *De fondement, en effet, nul n'en peut poser d'autre que celui qui s'y trouve* (1 Co 3,11). Le mot 'vocation' indique ce don gratuit, qui, comme un réservoir de vie, ne cesse pas de renouveler l'humanité et l'Église dans le plus profond de leur être.

Dans l'expérience de la vocation, c'est Dieu lui-même qui est l'auteur de l'appel. Nous, nous écoutons une voix qui nous appelle à la vie et à être disciple pour le Royaume. Lorsque le Pape François le rappelle – 'Tu es important pour moi' –, il utilise le dialogue direct, à la première personne, pour que la conscience soit touchée. Il y appelle ma réflexion, mon jugement pour susciter des comportements cohérents avec l'appel dont je sens qu'il m'est adressé, avec mon

---

[9] *Ibidem.*
[10] FRANÇOIS, Exhortation apostolique *Evangelii gaudium*, 24 novembre 2013, n. 3.

appel personnel. « Je voudrais dire à ceux qui se sentent indifférents à l'égard de Dieu, de la foi, à ceux qui sont éloignés de Dieu ou qui l'ont abandonné, et à nous aussi, avec nos 'éloignements' et nos 'abandons' à l'égard de Dieu, petits, sans doute, mais qui sont si nombreux dans la vie quotidienne, regarde au plus profond de ton cœur, regarde au plus profond de toi, et demande-toi : as-tu un cœur qui désire quelque chose de grand ou un cœur endormi par les choses ? Ton cœur a-t-il conservé l'inquiétude de la recherche ou l'as-tu laisser s'étouffer par les choses, qui finissent par l'atrophier ? ».[11]

La relation avec Jésus demande d'être alimentée par l'inquiétude de la recherche. C'est elle qui nous rend conscients de la gratuité du don de la vocation et qui nous aide à revenir aux motivations qui ont causé le choix initial et demeurent dans la persévérance. « Se laisser conquérir par le Christ signifie être toujours tendus vers ce qui se trouve devant moi, vers l'objectif du Christ (cf. *Ph* 3, 14) ».[12] Demeurer constamment à l'écoute de Dieu requiert que ces demandes deviennent les repères rythmant notre vie quotidienne.

---

[11] FRANÇOIS, *Homélie pour la Messe d'ouverture du Chapitre général de l'Ordre de Saint Augustin*, Rome, 28 août 2013.
[12] FRANÇOIS, *Homélie à l'occasion de la fête de Saint Ignace de Loyola*, Rome, 31 juillet 2013.

Ce mystère indicible que nous portons en nous et qui participe à l'ineffable mystère de Dieu trouve son unique possibilité d'interprétation dans la foi. «La foi est la réponse à une Parole qui interpelle personnellement, à un Toi qui nous appelle par notre nom»[13] et «en tant que réponse à une Parole qui précède, la foi d'Abraham sera toujours un acte de mémoire. Toutefois, cette mémoire ne fixe pas dans le passé mais, étant mémoire d'une promesse, elle devient capable d'ouvrir vers l'avenir, d'éclairer les pas au long de la route»[14]. «La foi contient vraiment la mémoire de l'histoire de Dieu avec nous, la mémoire de la rencontre avec Dieu qui, le premier, se met en mouvement, qui crée et sauve, qui nous transforme; la foi est mémoire de sa Parole qui réchauffe le cœur, de ses actions de salut par lesquelles il nous donne vie, nous purifie, prend soin de nous, nous nourrit. [...] Celui qui porte en lui la mémoire de Dieu se laisse guider par la mémoire de Dieu dans toute sa vie et sait l'éveiller dans le cœur des autres».[15] Mémoire d'être appelé ici et maintenant.

[13] FRANÇOIS, Lettre encyclique *Lumen Fidei*, 29 juin 2013.
[14] *Ibidem*, n. 9.
[15] FRANÇOIS, *Homélie à l'occasion de la journée des catéchistes en l'Année de la Foi*, Rome, 29 septembre 2013.

Trouvés, rejoints, transformés

5. Le Pape nous demande de relire notre histoire personnelle et de la vérifier dans le regard d'amour de Dieu parce que, si la vocation relève toujours de son initiative, il nous revient d'adhérer librement à l'économie divino-humaine, comme relation de vie dans l'*agape*, chemin du disciple, « lumière sur le chemin de l'Église ».[16] La vie dans l'Esprit n'a pas de temps achevés, elle s'ouvre constamment au mystère quand elle discerne pour connaître le Seigneur et percevoir la réalité à partir de lui. En nous appelant, Dieu nous fait entrer dans son repos et nous demande de reposer en lui, comme processus continu de connaissance d'amour. La Parole résonne pour nous : *tu te soucies et t'agites pour beaucoup de choses* (*Lc* 10,41). Sur la *via amoris*, nous avançons dans la renaissance : le vieil homme renaît à une forme nouvelle. *Si donc quelqu'un est dans le Christ, c'est une création nouvelle* (*2 Co* 5,17).

Le Pape François donne le nom de cette renaissance : « Cette voie a un nom, un visage : le visage de Jésus Christ. Il nous enseigne à devenir saints. Dans l'Evangile, il nous montre la route : celle des Béatitudes (cf. *Mt* 5,1-12).

---

[16] FRANÇOIS, *Discours aux partecipants à l'Assemblée plénière de l'Union internationale des Supérieures générales*, Salle Paul VI, Rome, 8 mai 2013.

Telle est la vie des saints : des personnes qui, par amour de Dieu, ne lui ont pas posé de conditions dans leur vie ».[17]

La vie consacrée est appelée à incarner la Bonne Nouvelle, à la *sequela du Christ*, le Crucifié Ressuscité, à constituer « en vérité une mémoire vivante du mode d'existence et d'action de Jésus comme Verbe incarné par rapport à son Père et à ses frères ».[18] Concrètement, il s'agit d'assumer son style de vie, d'adopter ses attitudes intérieures, de se laisser envahir par son esprit, d'assimiler sa surprenante logique et son échelle des valeurs, de partager ses risques et ses espérances : « Guidés par l'humble et heureuse certitude de celui qui a été *trouvé, rejoint et transformé par la Vérité* qui est le Christ et qui ne peut pas ne pas l'annoncer ».[19]

Le fait de demeurer dans le Christ nous permet d'accueillir la présence du Mystère qui nous habite et dilate notre cœur à la mesure de son cœur de Fils. Celui qui demeure dans son amour est attaché à la vigne comme le sarment (cf. *Jn* 15, 1-8), entre dans la familiarité du Christ et porte du fruit : « Demeurer en Jésus !

---

[17] FRANÇOIS, *Angelus*, Rome, 1ᵉʳ novembre 2013.

[18] JEAN-PAUL II, Exhortation apostolique post-synodale *Vita consecrata*, 25 mars 1996, n. 22.

[19] FRANÇOIS, *Homélie pour la Messe avec les évêques de la XXVIIIᵉ JMJ et avec les prêtres, les religieux et les séminaristes*, Rio de Janeiro, 27 juillet 2013.

C'est demeurer attachés à Lui, à l'intérieur de Lui, avec Lui, parlant avec Lui: demeurer en Jésus ».[20]

« Le Christ est le sceau sur le front, il est le sceau sur le cœur: sur le front, pour que nous le professions toujours ; sur le cœur, pour que nous l'aimions toujours ; il est le sceau sur le bras, pour que nous agissions toujours ».[21] La vie consacrée en effet est un appel continu à suivre Jésus et à être conformé à lui. « Toute la vie de Jésus, sa manière d'agir avec les pauvres, ses gestes, sa cohérence, sa générosité quotidienne et simple, et finalement son dévouement total, tout est précieux et parle à notre propre vie ».[22]

La rencontre avec le Seigneur nous met en mouvement, nous pousse à sortir de l'auto-référentialité.[23] La relation avec lui n'est ni statique ni intimiste: « Celui qui met le Christ au centre de sa vie se décentre ! Plus tu t'unis à Jésus et Lui devient le centre de ta vie, plus Lui te fait sortir de toi-même, te décentre et t'ouvre

---

[20] FRANÇOIS, *Discours aux catéchistes en pèlerinage à Rome à l'occasion de l'Année de la Foi et du Congrès international des catéchistes*, Rome, 27 septembre 2013.

[21] Cf. AMBROISE, *De Isaac et anima*, 75: PL 14, 556-557.

[22] FRANÇOIS, Exhortation apostolique *Evangelii gaudium*, 24 novembre 2013, n. 265.

[23] FRANÇOIS, Exhortation apostolique *Evangelii gaudium*, 24 novembre 2013, n. 8.

aux autres ».[24] « Nous ne sommes pas au centre, nous sommes, pour ainsi dire, 'déplacés', nous sommes au service du Christ et de l'Église »[25].

La vie chrétienne est déterminée par des verbes de mouvement, même quand elle est vécue dans la dimension monastique et cloîtrée : elle est une recherche perpétuelle.

« On ne peut persévérer dans une évangélisation fervente si on n'est pas convaincu, en vertu de sa propre expérience, qu'avoir connu Jésus n'est pas la même chose que de ne pas le connaître, que marcher avec lui n'est pas la même chose que marcher à tâtons, que pouvoir l'écouter ou ignorer sa Parole n'est pas la même chose, que pouvoir le contempler, l'adorer, se reposer en lui, ou ne pas pouvoir le faire n'est pas la même chose. Essayer de construire le monde avec son Évangile n'est pas la même chose que de le faire seulement par sa propre raison. Nous savons bien qu'avec lui la vie devient beaucoup plus pleine et qu'avec lui, il est plus facile de trouver un sens à tout ».[26]

---

[24] FRANÇOIS, *Discours aux catéchistes en pèlerinage à Rome à l'occasion de l'Année de la Foi et du Congrès international des catéchistes*, Rome, 27 septembre 2013.

[25] FRANÇOIS, *Homélie à l'occasion de la fête de Saint Ignace de Loyola*, Rome, 31 juillet 2013.

[26] FRANÇOIS, Exhortation apostolique *Evangelii gaudium*, 24 novembre 2013, n. 266.

Le Pape François exhorte à l'*inquiétude de la recherche*, comme l'a vécue Augustin d'Hippone : une « inquiétude du cœur qui le porte à la rencontre personnelle avec le Christ, qui le conduit à comprendre que ce Dieu qu'il cherchait loin de lui, est le Dieu proche de tout être humain, le Dieu proche de notre cœur, plus proche de nous que nous-mêmes ». C'est une recherche qui se poursuit : « Augustin ne s'arrête pas, ne se repose pas, ne se renferme pas sur lui-même comme celui qui est déjà arrivé, mais il poursuit le chemin. L'*inquiétude de la recherche de la vérité*, de la recherche de Dieu, devient inquiétude de le connaître toujours plus et de sortir de soi pour le faire connaître aux autres. C'est précisément l'inquiétude de l'amour ».[27]

Dans la joie du Oui fidèle

6. Celui qui a rencontré le Seigneur et le suit avec fidélité est un messager de la joie de l'Esprit.

« C'est seulement grâce à cette rencontre – ou nouvelle rencontre – avec l'amour de Dieu, qui se convertit en heureuse amitié, que nous sommes délivrés de notre conscience isolée

---

[27] FRANÇOIS, *Homélie pour la Messe d'ouverture du Chapitre général de l'Ordre de Saint Augustin*, Rome, 28 août 2013.

et de l'auto-référence ».[28] La personne appelée est convoquée à elle-même, c'est-à-dire à son pouvoir être. Il n'est peut-être pas gratuit de dire que la crise de la vie consacrée passe aussi par l'incapacité à reconnaître la profondeur de cet appel, même en ceux qui vivent déjà cette vocation.

Nous vivons une crise de la fidélité, entendue comme une adhésion consciente à un appel qui est un parcours, un chemin, depuis son mystérieux début jusqu'à sa fin mystérieuse.

Peut-être sommes nous également dans une crise d'humanisation. Nous éprouvons les limites de notre cohérence, étant blessés par l'incapacité de mener notre vie comme une vocation unifiée et un chemin fidèle.

Un chemin quotidien, personnel et fraternel, marqué par le mécontentement et l'amertume, qui nous enferme dans le regret, quasiment en une nostalgie permanente de voies inexplorées et de rêves inaccomplis, devient un chemin solitaire. Notre vie, appelée à la relation dans l'accomplissement de l'amour, peut se transformer en lande inhabitée. Nous sommes invités à chaque âge à revisiter le centre profond de notre vie personnelle, là où les motivations pour vivre avec

---

[28] FRANÇOIS, Exhortation apostolique *Evangelii gaudium*, 24 novembre 2013, n. 8.

le Maître en tant que ses disciples trouvent sens et vérité.

La fidélité est conscience de l'amour qui nous oriente vers le Tu de Dieu et vers toute autre personne, de façon constante et dynamique, alors que nous expérimentons en nous la vie du Ressuscité : « Ceux qui se laissent sauver par lui sont libérés du péché, de la tristesse, du vide intérieur, de l'isolement ».[29]

Le fait d'être disciple est grâce et exercice d'amour, exercice de charité oblative : « Quand nous marchons sans la Croix, quand nous édifions sans la Croix et quand nous confessons un Christ sans Croix, nous ne sommes pas disciples du Seigneur : nous sommes mondains, nous sommes des Evêques, des Prêtres, des Cardinaux, des Papes, mais pas des disciples du Seigneur ».[30]

Persévérer jusqu'au Golgotha, expérimenter les déchirures des doutes et du reniement, se réjouir de l'émerveillement et de la stupeur de Pâques jusqu'à la manifestation de la Pentecôte et à l'évangélisation des nations : telles sont les étapes de la fidélité joyeuse parce que kénotique, expérimentée tout au long de la vie, jusqu'au signe du martyre et également participant à la vie

[29] FRANÇOIS, Exhortation apostolique *Evangelii gaudium*, 24 novembre 2013, n. 1.

[30] FRANÇOIS, *Homélie à la Messe avec les Cardinaux*, Rome, 14 mars 2013.

ressuscitée du Christ : « Et c'est de la Croix, acte suprême de miséricorde et d'amour, que l'on renaît comme *créature nouvelle* (*Ga* 6, 15) ».[31]

Dans le lieu théologal dans lequel Dieu, en se révélant, nous révèle à nous-mêmes, le Seigneur nous demande donc de revenir à la recherche, *fides quaerens* : *Recherche la justice, la foi, la charité, la paix, en union avec ceux qui d'un cœur pur invoquent le Seigneur* (*2 Tim* 2, 22).

Le pèlerinage intérieur commence dans la prière. « Pour un disciple, la première chose est de rester avec le Maître, l'écouter, apprendre de Lui. Et cela vaut toujours, c'est un cheminement qui dure toute la vie. [...] Si dans notre cœur, il n'y a pas la chaleur de Dieu, de son amour, de sa tendresse, comment pouvons-nous, nous, pauvres pécheurs, réchauffer le cœur des autres ? ».[32] Cet itinéraire dure toute la vie, au cours de laquelle l'Esprit Saint nous convainc, dans l'humilité de la prière, de la Seigneurie du Christ en nous : « Le Seigneur nous appelle chaque jour à le suivre avec courage et fidélité ; il nous a fait le grand don de nous choisir comme ses disciples ; il nous invite à l'annoncer avec joie comme le Ressuscité, mais il nous demande de le faire par

---

[31] FRANÇOIS, *Homélie pour la Messe avec les séminaristes et les novices*, Rome, 7 juillet 2013.

[32] FRANÇOIS, *Discours aux catéchistes en pèlerinage à Rome à l'occasion de l'Année de la Foi et du Congrès international des catéchistes*, Rome, 27 septembre 2013.

34

la parole et par le témoignage de notre vie, dans le quotidien. Le Seigneur est l'unique, l'unique Dieu de notre vie et il nous invite à nous dépouiller des nombreuses idoles et à l'adorer lui seul ».[33]

Le Pape indique l'oraison comme source de fécondité de la mission : « Cultivons la dimension contemplative, y compris dans le tourbillon des engagements les plus urgents et pesants. Et plus la mission vous appelle à aller vers les périphéries existentielles, plus votre cœur doit être uni à celui du Christ, plein de miséricorde et d'amour ».[34]

Le fait de demeurer avec Jésus nous forme à porter un regard contemplatif sur l'histoire, qui sait voir et écouter partout la présence de l'Esprit et, de façon privilégiée, discerner sa présence pour vivre le temps comme le temps de Dieu. Quand ce regard de foi manque, « la vie perd progressivement son sens, le visage des frères devient terne et il est impossible d'y découvrir le visage du Christ, les événements de l'histoire demeurent ambigus, voire privés d'espérance ».[35]

[33] FRANÇOIS, *Homélie à la Messe du IIIe dimanche de Pâques*, Rome, 14 avril 2013.

[34] FRANÇOIS, *Homélie pour la Messe avec les séminaristes et les novices*, Rome, 7 juillet 2013.

[35] CONGRÉGATION POUR LES INSTITUTS DE VIE CONSACRÉE ET LES SOCIÉTÉS DE VIE APOSTOLIQUE, Instruction *Repartir du*

La contemplation ouvre à l'attitude prophétique. Le prophète est un homme « qui a le regard
pénétrant et qui écoute et dit les paroles de
Dieu ; [...] un homme de trois temps : la promesse du passé, la contemplation du présent, le
courage pour indiquer le chemin vers l'avenir ».[36]

La fidélité à être disciple passe enfin, et elle y
est éprouvée, par l'expérience de la fraternité,
lieu théologique, dans lequel nous sommes appelés à nous soutenir dans le oui joyeux à l'Evangile : « C'est la Parole de Dieu qui suscite la foi,
la nourrit, la régénère. C'est la Parole de Dieu
qui touche les cœurs, les convertit à Dieu et à sa
logique qui est si différente de la nôtre ; c'est la
Parole de Dieu qui renouvelle constamment nos
communautés ».[37]

Le Pape nous invite donc à renouveler et à
définir notre vocation avec joie et passion parce
que l'acte d'un amour total est un processus
continu, qui « mûrit, mûrit, mûrit »,[38] en un dé-
veloppement permanent dans lequel le oui de
notre volonté à la sienne unit volonté, intellect

---

*Christ. Un engagement renouvelé de la vie consacrée au troi-
sième millénaire*, 19 mai 2002, n. 25.

[36] FRANÇOIS, *Méditation matinale en la Chapelle de la Domus Sanctae Marthae*, Rome, 16 décembre 2013.

[37] FRANÇOIS, *Rencontre avec le clergé, les consacrés et les
membres de conseils pastoraux*, Assise, 4 octobre 2013.

[38] FRANÇOIS, *Rencontre avec les séminaristes et les novices*,
Rome, 6 juillet 2013.

et sentiment. «L'amour n'est jamais 'achevé' ni complet ; il se transforme au cours de l'existence, il mûrit et c'est justement pour cela qu'il demeure fidèle à lui-même».[39]

<hr>

[39] BENOÎT XVI, Lettre encyclique *Deus caritas est*, 25 décembre 2005, n. 11.

Consolez,
CONSOLEZ MON PEUPLE

*Consolez, consolez mon peuple,
dit votre Dieu.
Parlez au cœur de Jérusalem.*

Isaïe 40, 1-2

A l'écoute

7. Avec un style particulier, que l'on retrouve également plus loin (cf. *Is* 51, 17 ; 52, 1 : *Réveille-toi, réveille-toi !*), les oracles de la seconde partie d'Isaïe (*Is* 40-55) lancent un appel à venir en aide à Israël en exil, qui tend à s'enfermer dans le vide d'une mémoire défaillante. Le contexte historique est clairement celui de la longue déportation du peuple à Babylone (587-538 a.C.), avec toute l'humiliation qui s'en est suivie et le sentiment d'impuissance à en sortir. Toutefois, la désagrégation de l'empire assyrien sous la pression de la nouvelle puissance émergente, la Perse, guidée par Cyrus, l'étoile naissante, donne l'intuition au prophète qu'une libération inattendue pourrait s'accomplir. Et il en sera ainsi. Le prophète, sous l'inspiration de Dieu, donne voix à cette possibilité en interprétant les bouleversements politiques et militaires comme action mystérieusement guidée par Dieu à travers Cyrus. Il proclame que la libération est proche et que le retour sur la terre des ancêtres est sur le point de s'accomplir.

Les paroles utilisées par Isaïe : *Consolez... parlez au cœur*, se retrouvent assez fréquemment dans l'Ancien Testament et les passages où il s'agit de dialogues de tendresse et d'affection ont une valeur particulière. Tel est le cas quand Ruth reconnait que Booz l'a *consolée et a parlé à son cœur* (cf. *Rt* 2,12); ou quand, dans une page célèbre, Osée annonce à son épouse, Gomer, qu'il l'attirera au désert et qu'il y *parlera à son cœur* (cf. *Os* 2,16-17) pour une nouvelle saison de fidélité. Il y a cependant encore d'autres parallèles semblables: le dialogue de Sichem, fils de Hamor, amoureux de Dina (cf. *Gn* 34,1-5), ou celui du lévite d'Ephraïm qui parle à la concubine qui l'a abandonné (cf. *Jg* 19,3).

Il s'agit donc d'un langage à interpréter sur la toile de fond de l'amour, et non sur celle de l'encouragement: ensemble d'actions et de paroles, délicates et encourageantes, mais qui rappellent les intenses liens d'affection de Dieu «époux» d'Israël. Et la *consolation* doit être épiphanie d'une appartenance réciproque, jeu d'intense empathie, d'émotions et de liens vitaux. Non des paroles superficielles ou douceâtres mais la miséricorde, l'inquiétude qui prend aux entrailles, l'étreinte qui donne force et proximité patiente pour retrouver les voies de la confiance.

Porter l'étreinte de Dieu

8. «Les gens aujourd'hui ont besoin, certainement de paroles, mais ils ont besoin surtout que nous témoignions la miséricorde, la tendresse du Seigneur qui réchauffe le cœur,

qui réveille l'espérance, qui attire vers le bien. La joie de porter la consolation de Dieu ».[1]

Le Pape François confie cette mission aux consacrés et consacrées : trouver le Seigneur qui nous console comme une mère et consoler le peuple de Dieu. C'est de la joie de la rencontre avec le Seigneur et de son appel que jaillit le service de l'Église, la mission : porter aux hommes et aux femmes de notre temps la consolation de Dieu, témoigner de sa miséricorde.[2]

Jésus nous présente la consolation comme don de l'Esprit, le *Paraclet*, le Consolateur qui nous console dans les épreuves et allume une espérance qui ne déçoit pas. C'est ainsi que la consolation chrétienne devient réconfort, encouragement, espérance : elle est la présence opérante de l'Esprit (cf. *Jn* 14, 16-17), fruit de l'Esprit : *le fruit de l'Esprit est charité, joie, paix, longanimité, serviabilité, bonté, confiance dans les autres, douceur, maîtrise de soi (Ga 5, 22).*

Dans un monde où règnent la méfiance, le découragement, la dépression, dans une culture dans laquelle les hommes et les femmes se laissent envelopper par la fragilité et la faiblesse, par l'individualisme et les intérêts personnels, il nous

---

[1] FRANÇOIS, *Homélie pour la Messe avec les séminaristes et les novices*, Rome, 7 juillet 2013.

[2] Cf. FRANÇOIS, *Rencontre avec les séminaristes et les novices*, Rome, 6 juillet 2013.

est demandé d'introduire la confiance dans la possibilité d'un bonheur véritable, d'une espérance possible, qui ne s'appuie pas seulement sur les talents, les qualités, le savoir, mais sur Dieu. La possibilité est donnée à tous de le rencontrer, il suffit de le chercher avec un cœur sincère.

Les hommes et les femmes de notre temps attendent des paroles de consolation, la proximité du pardon et de la joie véritable. Nous sommes appelés à porter à tous l'étreinte de Dieu, qui se penche vers nous avec la tendresse d'une mère : consacrés, signe d'une humanité accomplie, facilitateurs et non contrôleurs de la grâce,[3] courbés dans un geste de consolation.

La tendresse nous fait du bien

9. Témoins de communion au-delà de ce que nous voyons et de nos limites, nous sommes donc appelés à porter le sourire de Dieu. La fraternité est le premier évangile et le plus crédible que nous puissions raconter. Il nous est demandé d'humaniser nos communautés : « Prendre soin de l'amitié entre vous, de la vie de famille, de l'amour entre vous. Et il faut que le monastère ne soit pas un Purgatoire, mais qu'il soit une famille. Les problèmes existent, il y en

---

[3] Cf. FRANÇOIS, Exhortation apostolique *Evangelii gaudium*, 24 novembre 2013, n. 47.

aura, mais, comme on fait dans une famille, avec amour, il faut chercher la solution avec amour; il ne faut pas détruire celle-ci pour résoudre cela; il ne faut pas qu'il y ait de la compétition. Toujours avec un cœur grand. Laisser passer, ne pas se vanter, tout supporter, sourire avec le cœur. Et le signe en est la joie».[4]

La joie se consolide dans l'expérience de la fraternité, ce lieu théologique où chacun est responsable de la fidélité à l'Evangile et de la croissance de chacun. Quand une fraternité se nourrit du même Corps et Sang de Jésus, elle se réunit autour du Fils de Dieu pour partager le chemin de foi sous la conduite de la Parole, elle devient une avec lui, elle est une fraternité de communion qui expérimente l'amour gratuit et vit en fête, libre, joyeuse, pleine de courage.

«Une fraternité sans joie est une fraternité qui s'éteint. [...] Une communauté riche de joie est un véritable don du Très-Haut, accordé aux frères et sœurs qui savent le demander, et qui s'acceptent mutuellement en s'engageant dans la vie fraternelle avec confiance en l'action de l'Esprit».[5]

---

[4] FRANÇOIS, *Paroles aux Clarisses*, Assise, 4 octobre 2013.

[5] CONGRÉGATION POUR LES INSTITUTS DE VIE CONSACRÉE ET LES SOCIÉTÉS DE VIE APOSTOLIQUE, Instruction *La vie fraternelle en communauté. «Congregavit nos in unum Christi amor»*, 2 février 1994, n. 28.

Dans un temps où la fragmentation donne raison à un individualisme stérile et de masse et où la faiblesse des relations désagrège et détruit, nous sommes invités à humaniser les relations fraternelles pour favoriser la communion des esprits et des cœurs à la façon de l'Evangile. En effet, «il existe une communion de vie entre tous ceux qui appartiennent au Christ. Une communion qui naît de la foi» et qui rend «l'Église, dans sa vérité la plus profonde, communion avec Dieu, familiarité avec Dieu, communion d'amour avec le Christ et avec le Père dans le Saint-Esprit, qui se prolonge en une communion fraternelle».[6]

Pour le Pape François, la marque de la fraternité est la tendresse, une «tendresse eucharistique», parce que «la tendresse nous fait du bien». La fraternité a «une force de convocation énorme. [...] la fraternité, même avec toutes les différences possibles, est une expérience d'amour qui va au-delà des conflits».[7]

---

[6] FRANÇOIS, *Audience générale*, Rome, 30 octobre 2013.
[7] ANTONIO SPADARO, *«Svegliate il mondo!»*. *Colloquio di Papa Francesco con i Superiori Generali*, in: *La Civiltà Cattolica*, 165 (2014/I), 5.

La proximité comme compagnie

10. Nous sommes appelés à accomplir un exode de nous-mêmes sur un chemin d'adoration et de service.[8] «Sortir par la porte pour chercher et rencontrer! Ayez le courage d'aller à contre-courant de cette culture maniaque de l'efficacité, de cette culture du rebut. La rencontre et l'accueil de tous, la solidarité et la fraternité, sont les éléments qui rendent notre civilisation vraiment humaine. Etre *serviteurs de la communion et de la culture de la rencontre*! Je veux que vous soyez comme obsédés en ce sens. Et soyez-le sans être présomptueux».[9]

«Le fantasme à combattre est l'image de la vie religieuse entendue comme refuge et consolation face à un monde *extérieur* difficile et complexe».[10] Le Pape nous exhorte à «sortir du nid»,[11] pour habiter la vie des hommes et des

---

[8] Cf. FRANÇOIS, *Discours aux participants à l'Assemblée plénière de l'Union internationale des Supérieures générales*, Rome, 8 mai 2013.

[9] FRANÇOIS, *Homélie pour la Messe avec les évêques de la XXVIIIe JMJ et avec les prêtres, les religieux et les séminaristes*, Rio de Janeiro, 27 juillet 2013.

[10] Cf. ANTONIO SPADARO, *«Svegliate il mondo!»*. *Colloquio di Papa Francesco con i Superiori Generali*, in: *La Civiltà Cattolica*, 165 (2014/I), 10.

[11] Cf. *ibidem*, 6.

femmes de notre temps, et nous livrer nous-mêmes à Dieu et au prochain.

« La joie naît de la gratuité d'une rencontre ! […] Et la joie de la rencontre avec lui et de son appel pousse à ne pas se renfermer, mais à s'ouvrir. Elle nous conduit au service dans l'Église. Saint Thomas disait : *bonum est diffusivum sui* – le bien se diffuse. Et la joie aussi se diffuse. N'ayez pas peur de montrer votre joie d'avoir répondu à l'appel du Seigneur, à son choix d'amour, et de témoigner de son Evangile dans le service de l'Église. Et la joie, la vraie, est contagieuse, elle contamine... elle fait avancer ».[12]

Devant le témoignage contagieux de la joie, de la sérénité, de la fécondité, devant le témoignage de la tendresse et de l'amour, de la charité humble, sans violence, beaucoup sentent le besoin de *venir pour voir*.[13]

Le Pape François a désigné plus d'une fois le *chemin de l'attraction*, de la contamination, comme la voie pour faire grandir l'Église, la voie de l'évangélisation. « L'Église doit être attractive. Réveillez le monde ! Soyez témoins d'une autre façon de faire, d'agir, de vivre ! Il est possible de

---

[12] FRANÇOIS, *Rencontre avec les séminaristes et les novices*, Rome, 6 juillet 2013.

[13] Cf. FRANÇOIS, *Méditation matinale en la Chapelle de la Domus Sanctae Marthae*, 1ᵉʳ octobre 2013.

vivre autrement en ce monde. [...] J'attends de vous ce témoignage ».[14]

En nous confiant le devoir de *réveiller le monde*, le Pape nous pousse à rencontrer les histoires des hommes et des femmes d'aujourd'hui à la lumière de deux catégories pastorales qui trouvent leurs racines dans la nouveauté de l'Evangile : la *proximité* et la *rencontre*, deux façons par lesquelles Dieu lui-même s'est révélé dans l'histoire, allant jusqu'à l'Incarnation.

Sur le chemin d'Emmaüs, comme Jésus avec les disciples, nous accueillons dans la vie quotidienne les joies et les douleurs des gens, en « réchauffant le cœur »[15], en attendant avec tendresse ceux qui sont fatigués, les faibles, pour que le chemin commun ait, dans le Christ, lumière et sens.

Notre chemin « mûrit jusqu'à la paternité pastorale, jusqu'à la maternité pastorale, et quand un prêtre n'est pas père de sa communauté, quand une sœur n'est pas mère de tous ceux avec lesquels elle travaille, ils deviennent tristes. Voilà le problème. C'est pourquoi je vous le dis : la racine de la tristesse dans la vie pastorale réside précisément dans l'absence de pater-

---

[14] Cf. ANTONIO SPADARO, *« Svegliate il mondo ! ». Colloquio di Papa Francesco con i Superiori Generali*, in: *La Civiltà Cattolica*, 165 (2014/I), 5.

[15] Cf. FRANÇOIS, *Rencontre avec les évêques du Brésil*, Rio de Janeiro, 27 juillet 2013.

nité et de maternité qui vient de ce que l'on vit
mal cette consécration, qui doit au contraire
nous amener à la fécondité ».[16]

L'inquiétude de l'amour

11. Icônes vivantes de la maternité et de la
proximité de l'Église, nous allons vers ceux qui
attendent la Parole de la consolation en nous
penchant avec amour maternel et esprit paternel
vers les pauvres et les faibles.

Le Pape nous invite à *ne pas privatiser l'amour*
mais, avec l'inquiétude de l'amour, à « chercher
toujours, sans répit, le bien de l'autre, de la
personne aimée ».[17]

La crise de sens de l'homme moderne et celle
économique et morale de la société occidentale
et de ses institutions ne sont pas un événement
passager des temps dans lesquels nous vivons
mais marquent un moment de l'histoire d'une
importance exceptionnelle. Nous sommes alors
appelés, comme Église, à sortir pour nous diriger
vers les périphéries géographiques, urbaines et
existentielles – celles du mystère du péché, de la
souffrance, des injustices, de la misère –, vers les

[16] FRANÇOIS, *Rencontre avec les séminaristes et les novices*,
Rome, 6 juillet 2013.
[17] FRANÇOIS, *Homélie pour la Messe d'ouverture du Chapitre général de l'Ordre de Saint Augustin*, Rome, 28 août 2013.

lieux cachés de l'âme où chaque personne expérimente la joie et la souffrance de vivre.[18]

«Nous vivons une culture de l'affrontement, une culture de la fragmentation, la culture du déchet [...] aujourd'hui, trouver un clochard mort de froid n'est pas une nouvelle». Et pourtant, la pauvreté «est une catégorie théologale parce que le Fils de Dieu s'est abaissé, s'est fait pauvre pour marcher avec nous sur la route. [...] Une Église pauvre pour les pauvres commence par aller vers la chair du Christ. Si nous allons vers la chair du Christ, nous commençons à comprendre quelque chose, à comprendre ce qu'est cette pauvreté, la pauvreté du Seigneur».[19] Vivre la béatitude des pauvres vent dire être signe que l'angoisse de la solitude et de la limite est vaincue par la joie de celui qui est vraiment libre en Christ et qui a appris à aimer.

Au cours de sa visite pastorale à Assise, le Pape François s'est interrogé sur ce dont l'Église devait se dépouiller. Et il a répondu ainsi: «Se dépouiller de toute action qui n'est pas pour Dieu, qui n'est pas de Dieu; de la peur d'ouvrir les portes et d'aller à la rencontre de tous, en particulier des plus pauvres, des personnes dans

---

[18] Cf. FRANÇOIS, *Veillée de Pentecôte avec les Mouvements, les nouvelles Communautés, les Associations, les Agrégations de laïcs*, Rome, 18 mai 2013.

[19] *Ibidem.*

le besoin, éloignées, sans attendre; certainement pas pour se perdre dans le naufrage du monde, mais pour apporter avec courage la lumière du Christ, la lumière de l'Evangile, même dans l'obscurité, là où on ne voit pas, où il peut arriver de trébucher; se dépouiller de la tranquillité apparente que donnent les structures, certainement nécessaires et importantes, mais qui ne doivent jamais obscurcir l'unique force véritable: celle de Dieu. C'est Lui notre force! ».[20]

Ceci résonne en nous comme une invitation à «ne pas avoir peur de la nouveauté que l'Esprit Saint accomplit en nous, à ne pas avoir peur du renouvellement des structures. L'Église est libre. C'est l'Esprit Saint qui la fait avancer. C'est ce que Jésus nous enseigne dans l'Evangile: la liberté nécessaire pour trouver toujours la nouveauté de l'Evangile dans notre vie et également dans les structures. La liberté de choisir des outres neuves pour cette nouveauté».[21] Nous sommes invités à être des hommes et des femmes audacieux, de frontière: «Ce qui est nôtre n'est pas une foi de laboratoire, mais une foi en chemin, une foi historique. Dieu s'est révélé comme histoire, non comme un compe-

<hr>

[20] FRANÇOIS, *Rencontre avec les pauvres, les chômeurs et les émigrés assistés par la Caritas*, Assise, 4 octobre 2013.

[21] Cf. FRANÇOIS, *Méditation matinale en la Chapelle de la Domus Sanctae Marthae*, 6 juillet 2013.

54

dium de vérités abstraites. [...] Il ne faut pas construire la frontière chez soi, mais vivre à la frontière et être audacieux ».[22]

A côté du défi de la béatitude des pauvres, le Pape invite à visiter les frontières de la pensée et de la culture, à favoriser le dialogue, également au niveau intellectuel, pour donner raison de l'espérance sur le fondement de critères éthiques et spirituels, en s'interrogeant sur ce qui est bon. La foi ne réduit jamais l'espace de la raison mais l'ouvre à une vision intégrale de l'homme et de la réalité. Elle préserve du danger de réduire l'homme à du « matériel humain ».[23]

La culture, appelée à servir constamment l'humanité dans toutes les circonstances, ouvre, si elle est authentique, des itinéraires inexplorés, des passages qui font respirer l'espérance, renforcent le sens de la vie, protègent le bien commun. Un authentique processus culturel « fait croître l'humanisation intégrale et la culture de la rencontre et de la relation ; c'est la façon chrétienne de promouvoir le bien commun, la joie de vivre. Et ici convergent foi et raison, la dimension religieuse avec les divers aspects de la cul-

---

[22] Cf. Antonio Spadaro, *Intervista a Papa Francesco*, in: *La Civiltà Cattolica*, 164 (2013/III), 474.

[23] Cf. François, *Discours au monde académique et culturel*, Cagliari, 22 septembre 2013.

ture humaine: art, science, travail, littérature».[24]
Une recherche culturelle authentique rencontre
l'histoire et ouvre des chemins pour rechercher
le visage de Dieu.

Les lieux dans lesquels s'élabore et se communique le savoir sont également les lieux dans
lesquels se crée une culture de la proximité,
de la rencontre et du dialogue, en baissant les
défenses, en ouvrant les portes, en bâtissant
des ponts.[25]

[24] FRANÇOIS, *Discours à la classe dirigeante du Brésil*, Rio de Janeiro, 27 juillet 2013.
[25] Cf. FRANÇOIS, *Discours à la communauté de la* Civiltà Cattolica, Rome, 14 juin 2013.

Pour la réflexion

12. Le monde, en tant que réseau global dans lequel tous sont connectés, où nulle tradition locale ne peut prétendre au monopole du vrai, où les technologies ont des effets qui touchent chacun, lance un défi continuel à l'Evangile et à celui qui suit la vie dans la forme de l'Evangile.

En ce moment de l'histoire, le Pape François construit, à travers des choix et des modalités de vie, une herméneutique vivante du dialogue Dieu-monde. Il nous introduit au style d'une sagesse qui, enracinée dans l'Evangile et l'eschatologie de l'humain, relit le pluralisme, recherche l'équilibre, invite à reconnaître la capacité d'être responsable du changement pour que la vérité de l'Evangile soit toujours mieux communiquée, alors que nous nous trouvons «dans les limites du langage et des circonstances»[1] et que, conscient de ces limites, chacun de nous se fasse *faible avec les faibles... tout à tous* (*1Co* 9,22).

Nous sommes invités à soigner une dynamique génératrice et non simplement administrative, pour accueillir les événements spirituels présents dans nos communautés et dans le

---

[1] FRANÇOIS, Exhortation apostolique *Evangelii gaudium*, 24 novembre 2013, n. 45.

monde, mouvements et grâce que l'Esprit opère en chaque personne singulière, regardée comme personne. Nous sommes invités à nous engager à déstructurer les modèles sans vie pour raconter l'humain marqué par le Christ et jamais totalement révélé dans les langages et les expressions.

Le Pape François nous invite à une sagesse qui soit signe d'une consistance souple, capacité des consacrés d'agir et de choisir selon l'Evangile, sans se perdre entre les différentes sphères de vie, langages, relations, en conservant le sens des responsabilités, de ce qui nous relie, de nos limites, de l'infinité des façons dont la vie s'exprime. Un cœur missionnaire est un cœur qui a connu la joie du salut du Christ et la partage comme consolation, conscient des limites humaines. «Il sait que lui-même doit croître dans la compréhension de l'Evangile et dans le discernement des sentiers de l'Esprit et alors, il ne renonce pas au bien possible, même s'il court le risque de se salir avec la boue de la route».[2]

Accueillons les sollicitations que le Pape nous propose pour regarder le monde et nous-mêmes avec les yeux du Christ et en rester inquiets.

[2] *Ibidem.*

Les demandes du Pape François

- Je voulais vous dire un mot et ce mot, c'est la
  joie. Partout où il y a les consacrés, les séminaristes, les religieuses et les religieux, il y a
  de la joie, il y a toujours de la joie! C'est la
  joie de la fraîcheur, c'est la joie de suivre
  Jésus, la joie que nous donne le Saint-Esprit,
  pas la joie du monde. Il y a de la joie! Mais où
  naît la joie?[3]

- Regarde au plus profond de ton cœur, regarde au plus profond de toi, et demande-toi:
  as-tu un cœur qui désire quelque chose de
  grand ou un cœur endormi par les choses?
  Ton cœur a-t-il conservé l'inquiétude de
  la recherche ou l'as-tu laissé s'étouffer par
  les choses, qui finissent par l'atrophier?
  Dieu t'attend, il te cherche, que lui réponds-
  tu? Te rends-tu compte de cette situation
  de ton âme? Ou bien dors-tu? Crois-tu que
  Dieu t'attend ou bien pour toi cette vérité ne
  représente-t-elle que « des mots »?[4]

- Nous sommes victimes de cette culture du
  provisoire. Je voudrais que vous réfléchissiez

---

[3] FRANÇOIS, *Rencontre avec les séminaristes et les novices*,
Rome, 6 juillet 2013.

[4] FRANÇOIS, *Homélie pour la Messe d'ouverture du Chapitre général de l'Ordre de Saint Augustin*, Rome, 28 août 2013.

à cela : comment puis-je être libre par rapport à cette culture du provisoire ?[5]

• C'est une responsabilité avant tout des adultes, des formateurs : donner un exemple de cohérence aux plus jeunes. Nous voulons des jeunes cohérents ? Soyons cohérents nous-mêmes ! Sinon, le Seigneur nous dira ce qu'il disait des pharisiens au peuple de Dieu : «Faites ce qu'ils disent, mais pas ce qu'ils font ! ». Cohérence et authenticité.[6]

• Nous pouvons nous demander, suis-je inquiet pour Dieu, pour l'annoncer, pour le faire connaître ? Ou est-ce que je me laisse séduire par cette mondanité spirituelle qui pousse à tout faire par amour de soi-même ? Nous, consacrés, pensons aux intérêts personnels, à l'efficacité des œuvres, au carriérisme. Tant de choses auxquelles nous pouvons penser... Est-ce que je me suis pour ainsi dire «installé» dans ma vie chrétienne, dans ma vie sacerdotale, dans ma vie religieuse, dans ma vie de communauté aussi, ou bien est-ce que je conserve la force de l'inquiétude pour Dieu, pour sa Parole, qui

[5] FRANÇOIS, *Rencontre avec les séminaristes et les novices*, Rome, 6 juillet 2013.
[6] *Ibidem.*

me porte à « aller à l'extérieur », vers les autres ?[7]

- Comment nous comportons-nous face à l'inquiétude de l'amour ? Croyons-nous à l'amour envers Dieu et envers les autres ? Ou sommes-nous nominalistes à ce sujet ? Non pas de façon abstraite, pas seulement en paroles, mais le frère concret que nous rencontrons, le frère qui est à côté de nous ! Nous laissons-nous inquiéter par leurs nécessités ou bien restons-nous enfermés en nous-mêmes, dans nos communautés, qui sont souvent pour nous une « communauté-confort » ?[8]

- Ca, c'est un beau chemin, un beau chemin vers la sainteté ! Ne jamais dire du mal des autres. « Mais, Père, il y a des problèmes... ». Dis-le au supérieur, dis-le à la supérieure, dis-le à l'évêque, qui peut trouver une solution. Ne le dis pas à celui qui ne peut pas aider. C'est important : la fraternité ! Mais dis-moi, dirais-tu du mal de ta mère, de ton père, de tes frères ? Jamais. Alors pourquoi le fais-tu dans la vie consacrée, au séminaire, dans la

[7] FRANÇOIS, *Homélie pour la Messe d'ouverture du Chapitre général de l'Ordre de Saint Augustin*, Rome, 28 août 2013.
[8] *Ibidem.*

vie entre prêtres ? Uniquement cela : réfléchissez, réfléchissez... La fraternité ! Cet amour fraternel ! [9]

- Au pied de la croix, Marie est la femme de la douleur et dans le même temps de l'attente vigilante d'un mystère plus grand que la douleur, sur le point de s'accomplir. Tout semble vraiment fini ; toute espérance pourrait se dire éteinte. Elle aussi, à ce moment-là, en se souvenant des promesses de l'annonciation, aurait pu dire : elles ne sont pas avérées, j'ai été trompée. Mais elle ne l'a pas dit. Et pourtant, bienheureuse parce qu'elle a cru, elle voit bourgeonner de cette foi un avenir nouveau et attend avec espérance le demain de Dieu. Je pense parfois : savons-nous attendre le demain de Dieu ? Ou voulons-nous l'aujourd'hui ? Le demain de Dieu, pour elle, c'est l'aube du matin de la Pâque, de ce premier jour de la semaine. Cela nous fera du bien de penser, dans la contemplation, à l'accolade du fils avec la mère. La seule lampe allumée au sépulcre de Jésus est l'espérance de la mère qui, à ce moment-là, est l'espérance de toute l'humanité. Je me demande et

[9] FRANÇOIS, *Rencontre avec les séminaristes et les novices*, Rome, 6 juillet 2013.

je vous demande: dans les monastères, cette lampe est-elle encore allumée? Dans les monastères, attend-on le demain de Dieu?[10]

- L'inquiétude de l'amour pousse toujours à aller à la rencontre de l'autre, sans attendre que l'autre manifeste son besoin. L'inquiétude de l'amour nous offre le don de la fécondité pastorale, et nous devons nous demander, chacun de nous, comment se porte ma fécondité spirituelle, ma fécondité pastorale?[11]

- Une foi authentique implique toujours un désir profond de changer le monde. Voilà la question que nous devons nous poser: avons-nous nous aussi de grandes visions et un grand élan? Sommes-nous nous aussi audacieux? Avons-nous de grands rêves? Le zèle nous dévore-t-il (cf. *Ps* 69,10)? Ou bien sommes-nous médiocres et nous contentons-nous de nos programmations apostoliques de laboratoire?[12]

---

[10] FRANÇOIS, *Paroles aux Sœurs Bénédictines Camalduldes*, Rome, 21 novembre 2013.

[11] FRANÇOIS, *Homélie pour la Messe d'ouverture du Chapitre général de l'Ordre de Saint Augustin*, Rome, 28 août 2013.

[12] FRANÇOIS, *Homélie pour la Messe en mémoire du Saint Nom de Jésus*, Rome, 3 janvier 2014.

13. *Réjouis-toi, pleine de grâce* (*Lc* 1,28). «Le salut de l'ange à Marie est donc une invitation à la joie, à une joie profonde, il annonce la fin de la tristesse [...]. C'est un salut qui marque le début de l'Évangile, de la Bonne Nouvelle».[1]

A côté de Marie, la joie se répand: le Fils qu'elle porte en son sein est le Dieu de la joie, de l'allégresse contagieuse. Marie ouvre largement les portes de son cœur et court vers Elisabeth.

«Joyeuse d'accomplir son désir, délicate dans son devoir, empressée dans sa joie, elle se hâte vers la montagne. Vers où pouvait-elle donc tendre avec empressement, Celle qui

---

[1] Benoît XVI, *Audience générale*, Rome, 19 décembre 2012.

était déjà pleine de Dieu, si ce n'est vers les sommets ? ».[2]

Elle se dirige *en hâte* (*Lc* 1,39) pour porter au monde la joyeuse annonce, pour apporter à tous la joie irrésistible qu'elle accueille en son sein : Jésus, le Seigneur. *En hâte* : il ne s'agit pas seulement de la rapidité avec laquelle se dirige Marie, l'expression nous dit sa diligence, l'attention empressée avec laquelle elle affronte le voyage, son enthousiasme.

Voici la servante du Seigneur (*Lc* 1,38). La servante du Seigneur court *en hâte* pour se faire servante des hommes.

En Marie, c'est toute l'Église qui chemine : dans la charité de celui qui se dirige vers le plus fragile, dans l'espérance de celui qui sait qu'il sera accompagné et dans la foi de celui qui a un don particulier à partager. En Marie, que chacun de nous, poussé par le vent de l'Esprit, vive sa propre vocation à aller de l'avant !

Étoile de la nouvelle évangélisation,
aide-nous à rayonner
par le témoignage de la communion,
du service, de la foi ardente et généreuse,
de la justice et de l'amour pour les pauvres,
pour que la joie de l'Évangile

---

[2] AMBROISE, *Expositio Evangelii secundum Lucam*, II, 19 : *CCL* 14, p. 39.

parvienne jusqu'aux confins de la terre
et qu'aucune périphérie ne soit privée de sa lumière.
Mère de l'Évangile vivant,
source de joie pour les petits,
prie pour nous.
Amen. Alleluia ![3]

Rome, 2 février 2014
Fête de la Présentation du Seigneur

João Braz Card. de Aviz
Préfet

✠ José Rodríguez Carballo, O.F.M.
Archevêque Secrétaire

---

[3] FRANÇOIS, Exhortation apostolique *Evangelii gaudium*, 24 novembre 2013, n. 288.

Sommaire

**CONGRÉGATION
POUR LES INSTITUTS DE VIE CONSACRÉE
ET LES SOCIÉTÉS DE VIE APOSTOLIQUE**

ANNÉE DE LA VIE CONSACRÉE
1. Réjouissez-vous
2. Contemplez
3. Scrutez
4. Annoncez

DOCUMENTS
1. Lignes d'orientation pour la gestion des biens dans lesInstituts de vie consacrée et les Sociétés de vie apostolique
2. Identité et mission du religieux frère dans l'Église. *Instruction*
3. À vin nouveau outres neuves. *Orientations*
4. L'Economie au service du charisme et de la mission. *Orientations*
5. Cor Orans. *Instruction d'application sur la vie contemplative feminine*
6. Ecclesiæ Sponsæ Imago. *Instruction sur l'Ordo virginum*
7. Lettre circulaire sur le motu proprio du Pape François Communis vita
8. L'art de la recherche du visage de Dieu. *Lignes d'orientations pour la formation des contemplatives*
9. Le don de la fidélité. La joie de la persévérance. *Orientations*